100 STERN-SCHNUPPEN

CARIN REITERER   CARIN REITERER VERLAG

Bibliografische Information Der Deutschen Bibliothek

Die Deutsche Bibliothek verzeichnet diese Publikation
in der Deutschen Nationalbibliografie; detaillierte
bibliografische Daten sind im Internet über
http://dnb.ddb.de abrufbar.

Originalausgabe
Copyright ©2010 by Carin Reiterer
Umschlaggestaltung: Carin Reiterer
Satz: Carin Reiterer
Printed in Germany
ISBN 978-3-9811541-8-4
Herstellung: Books on Demand GmbH, Norderstedt

Vollendet

Leben...

nehmen
geben

nach
Vollendung
streben

Lebensweg

Komm
und
begleite
mich
auf
meinem
Weg
des
Lebens

Karussell des Lebens

Komm
und
fahr
mit
mir
auf
dem
Karussell
des
Lebens

Roter Faden

Du
bist
der
rote
Faden
in
meinem
Leben
den
ich
mein
Leben
lang
gesucht
habe

Geschichten der Liebe

Komm
und
erzähle
mir
alle
Geschichten
der
Liebe

Eine Liebesgeschichte

Unser
Leben
schreibt
die
schönste
Liebesgeschichte

Ein Liebesgedicht

Wir
sind
stark
auch
jeder
für
sich

doch
erst
zusammen
sind
wir
ein
Liebesgedicht

Seelenbuch

Du

liest

in

meiner

Seele

wie

in

einem

Buch

Das Spiegelbild

Ich
schaue
Dich
an
und
sehe
in
Dir
das
Spiegelbild
meines
Herzens

Ich
schaue
Dich
an
und
sehe
in
Dir
das
Spiegelbild
meiner
Seele

Herzen und Himmelsstürme

Herzen

werden

im

Sturm

erobert

Himmelsstürme

Du
bist
der
schönste
Stern
an
meinem
Himmelszelt
unirdisch
und
doch
von
dieser
Welt

Keine Berührung

Wir
sind
uns
ganz
nahe
ohne
uns
zu
berühren
und
ohne
uns
zu
nahe
zu
treten

Berührung

Komm
zu
mir
und
berühre
meine
Seele
ganz
sacht

Flügel

Komm

zu

mir

und

Du

wirst

sehen

wie

uns

Flügel

wachsen

Engelsgleich

Mein
Engel
flieg
durch
die
Nacht

...doch
gib
auf
Deine
Flügel
acht

Federleicht

Wenn
Du
bei
mir
bist
fühlt
sich
mein
Herz
federleicht

Leicht wie eine Feder

Wenn
Du
mich
umarmst
fühle
ich
mich
leicht
wie
eine
Feder

Unvergänglich und unendlich

Unsere
Liebe
ist
unvergänglich

Unsere
Liebe
ist
unendlich

Magie und Poesie

Unsere
Liebe
ist
voller
Magie

Unsere
Liebe
ist
voller
Poesie

Traumhaft

Das
Leben
mit
Dir
ist
schöner
als
jeder
Traum

Mittelpunkt

Du
bist
der
Mittelpunkt
meiner
Welt

Liebesvisionen

Komm
und
lebe
mit
mir
unsere
Visionen
der
Liebe

Aufwachen

Aufwachen
und
sehen

es
gibt
Dich

es
gibt
Dich

wirklich

Lebendig

Meine
grauen
Tage
sind
vorüber
seit
Du
mein
Leben
mit
Leben
füllst

Graue Tage

Alle

meine

Tage

sind

nicht

mehr

grau

sondern

bunt

seit

Du

sie

mit

Leben

füllst

Bunte Welt

Meine
Welt
erstrahlt
in
den
buntesten
Farben
seit
Du
sie
auf
den
Kopf
gestellt
hast

Welt

Meine
Welt
ist
nicht
mehr
nur
schwarz
und
weiß
sondern
bunt
nicht
mehr
formlos
sondern
rund
seit
Du
ihr
Dein
Gesicht
gibst

Alle Tage

Ich
will
alle
Tage
mit
Dir
die
dunklen
und
die
hellen
Erde
und
Flammen
Wind
und
Wellen

Gratwanderung

Der
Weg
zu
Deinem
Herzen

ist

eine
Gratwanderung
zwischen
Himmel
und
Abgrund

Sternenpracht

Die
Sterne
weisen
uns
den
Weg
heute
nacht

Sternenpracht

Sternennacht

Was
hast
Du
nur
mit
mir
gemacht
in
dieser

Sternennacht

Rückenwind

Auf
dem
Weg
zu
Dir
brauche
ich
Rückenwind

Wettlauf mit der Zeit

Mit
Dir
Schritt
zu
halten
gleicht
einem
Wettlauf
mit
der
Zeit

Glücksklee

Du
bist
mein
vierblättriges
Kleeblatt
und
bringst
mir
Glück

Glückskind

Seit
Du
bei
mir
bist
fühle
ich
mich
wie
ein
Glückskind

Mein großes Los

Mit
Dir
habe
ich
mein
großes
Los
gezogen
alle
meine
Zweifel
sind
verflogen

Hände

Seit
ich
Dich
fand
reiche
ich
Dir
meine
Hand

Seit
ich
Dich
fand
reichst
Du
mir
Deine
Hand

Heute, Gestern und Morgen

Das
Heute
wird
umworben
von
dem
Gestern
und
dem
Morgen

Ungewisse Zukunft

Unsere
Liebe
bekommt
einen
Riß
denn
unsere
Zukunft
ist
ungewiß

Zwischen unseren Fingern

Unsere
Zeit

verrinnt

unsere
Zeit

zerrinnt

zwischen

unseren
Fingern

Aus den Fugen

Seit
ich
Dich
kenne
ist
mein
Leben
völlig
aus
den
Fugen
geraten

Labyrinth Deines Herzens

Meine
Seele
hat
sich
verirrt
im
Labyrinth
Deines
Herzens

Ins Leere laufen

Du
läßt
mich
ganz
einfach
ins
Leere
laufen

Versprechen

Du
bist
wie
ein
Versprechen
das
niemals
eingelöst
wird

Deine leeren Versprechen

Deine
leeren
Versprechen
sind
wie
Wellen
die
sich
über
mir
brechen
die
man
nicht
greifen
kann

Du
bist
das
Gefühl
zwischen
Wahrheit
und
Lüge

Spinnennetz

Du
verfängst
Dich
im
Spinnennetz
Deiner
eigenen
Lügen
und
findest
nicht
mehr
hinaus

Rettungsanker

Du
bist
mein
Rettungsanker

in
höchster
Gefahr

in
größter
Not

wenn
meine
Seele
Schiffbruch
erleidet

Rettungsboot

Wenn
Deine
Seele
auf
Eis
liegt
schicke
ich
Dir
mein
Rettungsboot

in
größter
Not

Sternenzauberer

Ich
fühle
mich
so
verzaubert
von
Dir

Sternenzauberer

Sternenschein

Du
schaust
mich
an
und
ich
lasse
mich
auf
Dich
ein

im
Sternenschein

Und immer mehr

Ich
liebe
Dich
sehr

ich
liebe
Dich
mehr

und

immer

mehr

Und immer noch

Ich
liebe
Dich
sehr

ich
liebe
Dich
mehr

und

immer

noch

Ganz geschenkt

Ich
schenke
Dir

von

ganzem
Herzen

mein

ganzes
Leben

Was alles zwischen uns sein könnte

Ich
denke

an

uns

...und
  überlege

  was

  alles

  zwischen

  uns

  sein

  könnte

Hinter

meinen

Worten

verbirgt

sich

so

vieles

was

ich

Dir

(noch)

nicht

sagen

kann

In Frage

Du
stellst
meine
Gefühle
für
Dich
in
Frage
egal
was
ich
dazu
sage

Gereimt und ungereimt

Ich

mache

mir

auf

all

Deine

Ungereimtheiten

meinen

eigenen

Reim

Losgelöst

Für
mich
warst
Du
ein
schweres
Los

Ohne
Dich
fühle
ich
mich
so
schwerelos

Auf der Suche und auf dem Weg

Ich
habe
Dich
auf
der
Suche
nach
mir
selbst
verloren
die
Liebe
ist
erfroren
auf
dem
Weg
zu
Dir

Mal
schrill
und
laut
und
mal
still
und
leise
ziehen
wir
unsere
Lebenskreise

Entzweit

Eins

und

eins

macht

zwei

doch

nun

haben

wir

uns

entzweit

Zwei verwandte Seelen

Zwei
verwandte
Seelen
haben
sich
gesucht
und
gefunden
und
wieder
losgelassen
und
verloren

Verwaist und auf Eis

Was
ist
nur
aus
uns
geworden
Herzen
verwaist
und
Seelen
auf
Eis

Ebbe und Flut

Unsere
Liebe
ist
in
unserer
Ebbe
verdurstet
und
in
unserer
Flut
ertrunken

Nie besessen

Du
nimmst
mir
alles
was
ich
nie
besaß

Haltlos

Seit
Du
fort
bist
fühle
ich
mich
so
haltlos
in
meiner
Welt

Meine innere Stimme

Meine
innere
Stimme
warnt
mich
vor
Dir

Heute
da
doch
morgen
nicht
mehr
hier

Abschied von Dir

War
das
schon
der
Abschied
von
Dir
Du
bist
fort
und
ich
bin
noch
immer
hier

Sonnenschein

Nein

oder

ja

ja

oder

nein

wie

auch

immer

Du

bist

und

bleibst

mein

Sonnenschein

Mondenschein

Geh
noch
nicht
und
laß
mich
nicht
allein
heute
nacht
im
Mondenschein

Auf Sand gebaut

Ich
habe
Dir
vertraut
doch
unsere
Liebe
war
von
Anfang
an
auf
Sand
gebaut

Einbahnstraße

Du
fährst
auf
der
Einbahnstraße
meiner
Gefühle
für
Dich
und
gelangst
niemals
ans
Ziel

Ich

war

blind

vor

Liebe

und

konnte

die

Schatten

an

unserem

Horizont

nicht

sehen

Tränen im Wind

Immer
wieder
Hoffnung
immer
wieder
Freude
immer
wieder
alles
immer
wieder
nichts

Ich
laufe
durch
den
Wind
und
Tränen
laufen
über
mein
Gesicht

Sonne und Schatten

Du
warst
einmal
meine
Sonne
doch
jetzt
bist
Du
nur
noch
ein
Schatten
Deiner
selbst

Nur noch ein Schatten

Unsere
Liebe
ist
nur
noch
ein
Schatten
ihrer
selbst

(Alp-)Träume

Der

Abschied

von

Dir

fällt

mir

schwer

doch

ich

werde

nicht

warten

bis

Deine

Träume

meine

Alpträume

werden

Tag und Nacht

Du
bist
fort
und
der
helle
Tag
wird
zu
dunkler
Nacht

Erhellen

Du
erhellst
meine
dunklen
Tage
und
gibst
mir
Licht

Verdunkeln

Du
verdunkelst
meine
hellen
Tage
und
nimmst
mir
Licht

Mehr oder weniger

Ich
vermisse
Dich
immer
mehr
und
niemals
weniger

Leeres Herz

Noch

ist

mein

Herz

leer

doch

irgendwann

fehlst

Du

mir

nicht

mehr

so

sehr

Felsenfest

Ich

habe

an

Dich

so

felsenfest

geglaubt

aber

Du

hast

mein

Vertrauen

mißbraucht

und

mir

den

Glauben

an

Dich

geraubt

Gefühle

Getrennt
sein
und
sich
nahe
fühlen
nahe
sein
und
sich
fremd
fühlen

Meeresglanz

Etwas
Sonne
etwas
Schatten
und
ganz
viel

Meeresglanz

Nebel

Licht
und
Schatten
von
Fall
zu
Fall

und
Nebel
überall

Eingeigelt

Ich
war
glücklich
mit
Dir
doch
nun
habe
ich
mich
eingeigelt
als
Schutz
vor
Dir

Was muß noch geschehen

Ich
denke

an

uns

...und
  ich
  frage
  mich

  was

  noch

  geschehen

  muß

  damit

  Du

  endlich

  aufwachst

  und

  begreifst

Komet

Du
warst
der
hellste
Komet
am
verdunkelten
Himmel
meines
Lebens

Sternenglanz

Der
Sternenglanz
in
Deinen
Augen
ist
erloschen
sie
strahlen
nicht
mehr
für
mich

Klarer Blick

Vorbei
ist
was
einmal
war

...und
   ich
   sehe
   wieder
   klar

Schattig und licht

Die
Schatten
der
Vergangenheit
werden

zum

Licht
der
Zukunft

Lebensträume

Was
ist
aus
unseren
Lebensträumen
geworden
wo
sind
sie
nur
geblieben

Was
wurde
aus
unseren
Lebensträumen
wir
wollten
sie
doch
nicht
versäumen

Lebensziel

Sich
zusammen
verändern
und
doch
sich
selbst
treu
bleiben

Hoffnungsschimmer

Alles
grau
in
grau
doch
einen
Hoffnungsschimmer
gibt
es
immer
sei
er
auch
noch
so
klein

Hoffnungslos

Ohne
Hoffnung
so
unbegründet
sie
auch
sein
mag
wäre
das
Leben
hoffnungslos

Gib auf Deine Träume acht

Gib

auf

Deine

Träume

acht

denn

wenn

sie

in

Erfüllung

gehen

hast

Du

keine

Träume

mehr

Lebensaufgabe

Lernen
vergeben
zu
können
erlittenes
Unrecht
auf
dieser
Welt

Lernen
verzeihen
zu
können
und
nicht
zuletzt
sich
selbst

Unvollendet

Unsere
Liebe
ist
eine
Partitur
die
unvollendet
bleibt